Und so geht's:

Das Beispiel auf dieser Seite zeigt, wie du mit miniLÜK spielst. Diese Übung findest du auf Seite 2 und 3.
Öffne das miniLÜK®-Lösungsgerät und lege den durchsichtigen Boden des Lösungsgerätes auf die untere Übungsseite deines miniLÜK-Hefts.

Nimm Plättchen 1. und sieh dir die Aufgabe 1. an.

Hier sollst du zur kleineren der beiden Zahlen 8 addieren. Das Ergebnis ist 73. Lege das Plättchen 1. auf das Feld mit der Zahl 73.

So spielst du weiter, bis alle 12 Plättchen auf dem durchsichtigen Teil des Lösungsgerätes liegen und keine Bilder mehr zu sehen sind. Dann schließt du das Lösungsgerät und drehst es um. Wenn du das bei der Übung abgebildete Muster siehst, hast du alles richtig gemacht.

Passen einige Plättchen nicht in das Muster, löst du diese Übungen noch einmal.

Stimmt es jetzt?
Dann nun viel Spaß!

kleinere Zahl + 8 = ? → 1 65 + 8 = ?

Nr.		
1	74	65
2	36	27
3	48	59
4	98	89
5	28	35
6	96	87
7	55	46
8	64	73
9	38	29
10	47	53
11	88	91
12	74	63

74
65

73

72	71	96	36	55	54
35	95	37	56	73	97

- = ?

1 74 - 6 = ?

1
6 9
74

2
95
7 8

3
5 9
38

4
51
5 2

5
4 1
92

6
73
0 6

7
2 8
35

8
52
4 5

9
7 4
93

10
78
8 9

11
3 6
53

12
33
5 7

6 9
74

68

86	29	69	27	87	67
47	88	68	46	48	28

kleinste Zahl · 3 = ? → 1 2 · 3 = ?

1	4	2	3
2	9	11	10
3	5	7	6
4	9	10	8
5	4	3	5
6	12	10	11
7	2	3	1
8	8	7	9
9	1	2	0
10	4	6	5
11	7	8	6
12	13	11	12

4 2 3

6

27	33	6	24	18	15
21	30	12	3	0	9

kleinste Zahl : 5 = ? → 1 10 : 5 = ?

1: 15, 20, 10	2: 35, 45, 40	3: 30, 25, 35
4: 20, 30, 25	5: 10, 5, 15	6: 45, 55, 50
7: 15, 25, 20	8: 55, 50, 60	9: 50, 40, 45
10: 40, 30, 35	11: 5, 10, 0	12: 60, 55, 65

15 20 10

2

4	2	5	8	9	7
3	6	1	0	11	10

kleinere Zahl + ? = 100 → 1 58 + ? = 100

Nr.	obere Zahl	untere Zahl
1	67	58
2	73	82
3	49	58
4	74	65
5	65	56
6	72	81
7	73	64
8	48	57
9	71	80
10	66	57
11	63	72
12	56	47

67
58

42

29	44	53	52	43	35
37	51	28	27	42	36

größte Zahl - ? = kleinste Zahl → 1 47 - ? = 26

1. 35 47 26
2. 56 45 77
3. 74 69 63
4. 72 98 56
5. 46 24 57
6. 76 54 65
7. 87 54 46
8. 35 39 48
9. 68 32 25
10. 52 38 69
11. 53 44 56
12. 67 44 49

35 47 26

21
31 41 22 32 12 33
21 42 23 13 43 11

kleinste Zahl · 4 + 1 = ?

1 $2 \cdot 4 + 1 =$?

1	4	2	3
2	5	6	4
3	6	8	7
4	8	10	9
5	1	0	2
6	4	5	3
7	7	5	6
8	8	9	7
9	9	10	11
10	3	1	2
11	11	10	12
12	13	11	12

4 2 3

9

45	29	21	5	1	41
13	17	33	9	25	37

kleinste Zahl : 6 + 1 = ? → 1 48 : 6 + 1 = ?

Nr.			
1	54	48	60
2	24	30	18
3	42	54	48
4	6	18	12
5	48	42	36
6	6	12	0
7	60	66	54
8	12	24	18
9	42	30	36
10	24	36	30
11	66	72	60
12	66	78	72

54 48 60

9

6	8	4	1	9	2
11	7	3	12	5	10

größere Zahl - kleinere Zahl + 2 = ?

1 47 - 24 + 2 = ?

Nr.	Zahlen
1	47, 24
2	21, 76
3	34, 68
4	89, 45
5	23, 77
6	59, 34
7	51, 97
8	56, 23
9	69, 45
10	42, 87
11	24, 56
12	98, 45

47
24

25

48	25	26	36	27	35
46	47	34	56	55	57

- + = ?

1 51 - 5 + 3 = ?

1	5 3	51
2	42	2 7
3	3 8	63
4	76	9 2
5	6 2	51
6	44	2 8
7	1 9	64
8	71	8 4
9	5 1	52
10	40	4 8
11	1 7	63
12	73	9 4

5 3
51

49

38	67	57	47	56	49
68	37	48	58	69	36

kleinste Zahl · größte Zahl = ? → 1 3 · 5 = ?

1	5	3	4
2	6	4	9
3	7	6	5
4	8	5	9
5	7	2	5
6	8	7	4
7	4	6	7
8	3	6	2
9	7	3	5
10	7	5	8
11	6	3	5
12	4	8	2

5 3 4

15

36	32	45	15	21	35
12	16	28	40	18	14

größte Zahl : 2 = ?

1 54 : 2 = ?

Nr.			
1	50	54	52
2	76	74	78
3	34	30	32
4	54	52	56
5	28	32	30
6	72	74	76
7	68	72	70
8	36	34	38
9	52	50	48
10	72	70	74
11	32	36	34
12	54	58	56

50 54 52

27

16	18	39	38	36	37
17	26	19	29	28	27

größere Zahl - kleinere Zahl + [dunkles Feld] = ? → 1 38 - 12 + 6 = ?

Nr.	Zahl	Zahl	dunkles Feld
1	38	12	6
2	42	77	8
3	69	51	6
4	56	12	8
5	43	68	6
6	85	51	8
7	78	62	7
8	41	86	9
9	69	43	7
10	87	55	9
11	64	79	7
12	86	42	9

38 12 6

32

24	22	23	41	53	43
31	33	52	32	42	54

1 47 + 47 + 3 = ?

1
3 4
47

2
36
2 3

3
1 2
17

4
25
3 4

5
2 3
48

6
37
1 2

7
4 3
16

8
27
3 2

9
2 1
46

10
35
4 3

11
3 2
18

12
26
2 1

3 4
47